AF257546

ITALIENNES

du 20 Novembre 1859 (N° 5755)

...AUX PUBLICS

du 20 Mars 1865 (N° 2248)

...LIQUES

... du 8 Septembre 1867 (N° 3955)

... 28 Août . . . . 1868 (N° 4591)

... Août . . . . 1884 (N° 2644)

PRIX : 1 FRANC

PARIS

IMPRIMERIE DU JOURNAL L'INDUSTRIE FRANÇAISE

(G. PERRET & Cie)

14, RUE DE LANCRY, 14

1897

COMPOSÉ SUR MACHINE THORNE — 67-1-97.

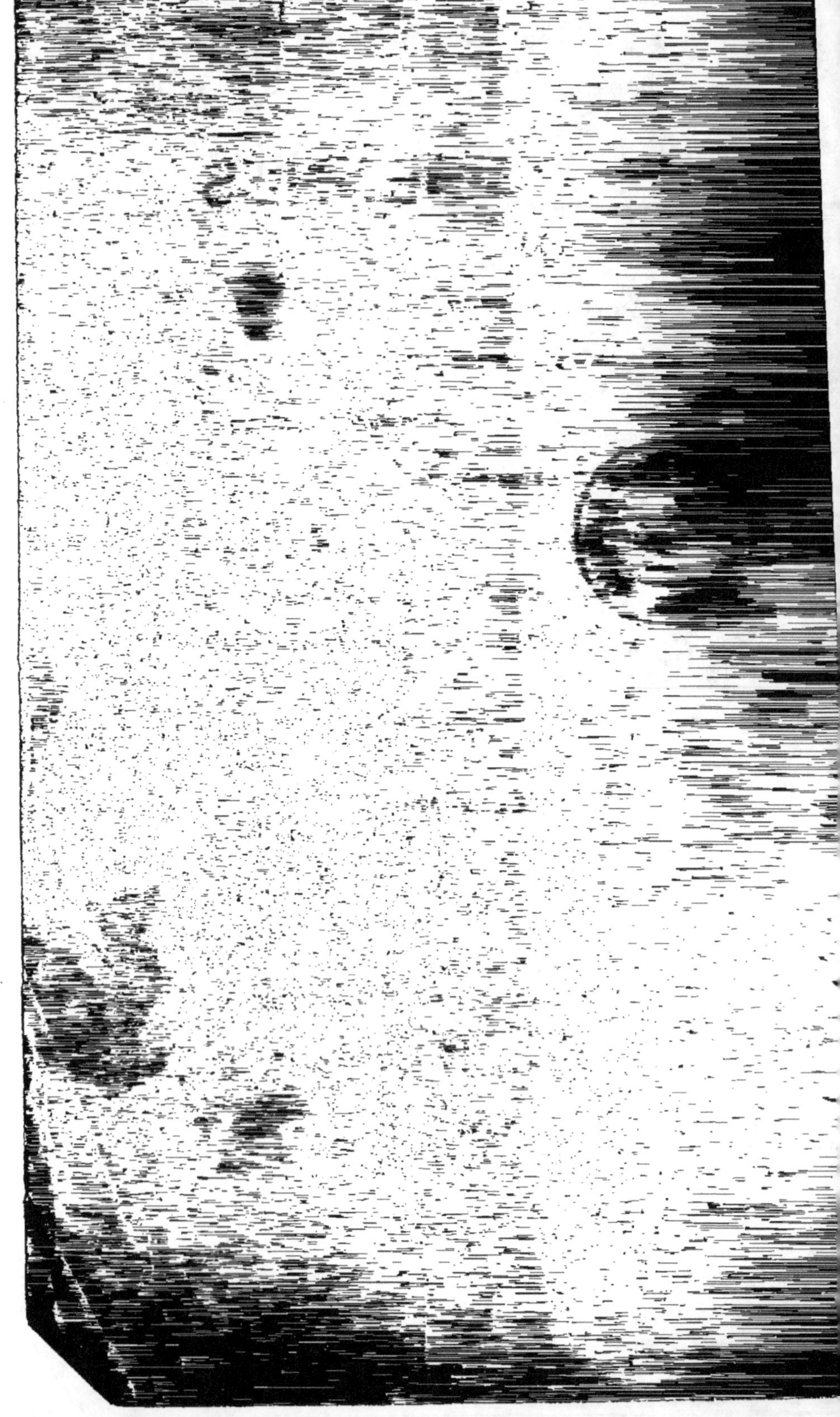

LOI SUR LES MINES

DU 20 NOVEMBRE 1859

Nº 3755

TITRE IV

Exploitations de la seconde classe

CHAPITRE 1er

DISPOSITIONS GÉNÉRALES

Art. 130. — Les tourbières, les carrières, les sables ou terres métallifères ne peuvent être exploités que par le propriétaire du terrain ou avec son consentement.

Art. 131. — Celui qui veut entreprendre une des exploitations susdites est tenu avant tout d'en faire la déclaration à l'Intendant de l'Arrondissement.

Cette déclaration indiquera son nom, son prénom et son domicile, qui devra toujours être établi dans l'Arrondissement, l'endroit ou est située la tourbière ou la carrière, sa nature et sa disposition et la méthode d'exploitation qu'il compte adopter.

Art. 132. — L'accomplissement de l'obligation imposée à l'article précédant donnera lieu contre le contrevenant à une amende de 5 à 50 francs.

CHAPITRE II

DISPOSITIONS PARTICULIÈRES

Section 1re

TOURBIÈRES

Art. 133. — L'Intendant ayant pris l'avis de l'Ingénieur des Mines prescrira les conditions auxquelles chaque exploitation de tourbière devra, selon les cas et les circonstances locales, être assujettie dans l'intérêt de la sécurité et de la salubrité publique.

Ces conditions seront notifiées à l'exploitant par l'entremise du Syndic de la Commune, qui sera chargé d'en surveiller l'observation.

Art. 134. — Les propriétaires, exploitants ou leurs ayant-droits, qui ne se conformeraient pas aux conditions imposées par l'Intendant pour l'exploitation des tourbières pourront être obligés à se désister de l'exploitation.

Contre ce décret de suspension il y aura recours au Ministre des Travaux Publics, qui pourvoira, entendu le Conseil des Mines.

Art. 135. — Lorsque le voisinage de diverses tourbières rendra nécessaire quelque ouvrage dans l'intérêt de la sécurité et de la salubrité publique, on appliquera les dispositions des art. 75-76-77. (compensation des frais entre les propriétaires).

Art. 136. — Les travaux qui seraient reconnus nécessaires pour l'écoulement des eaux sont comptés entre ceux pour lesquels peut avoir lieu la déclaration d'utilité publique.

Section 2me

CARRIÈRES

Art. 137. — Lorsque pour l'exploitation d'une carrière des travaux souterrains seront nécessaires, la déclaration dont il est fait mention à l'art. 131 devra être accompagnée d'un plan du terrain.

Ce plan dressé à l'échelle de 1 à 500 et signé par un Ingénieur ou par un arpenteur, indiquera les édifices, les habitations, les endroits enclos de murs, les routes, les aqueducs, les cours d'eau existants jusqu'à une distance de 50 mètres de la limite de la carrière, ainsi que les travaux d'exploitation existants ou projetés.

Art. 138. — Les exploitants seront tenus de présenter, chaque année dans le mois de janvier, à l'Ingénieur des Mines, un état indiquant les travaux souterrains exécutés dans l'année précédente.

Lorsque des circonstances spéciales le demanderaient, l'Intendant pourra aussi ordonner aux exploitants de tenir un plan des travaux exécutés annuellement et de le communiquer à la même époque à l'Ingénieur susdit qui leur restituera le plan de l'année précédente.

Art. 139. — L'exploitation des carrières, tant à ciel ouvert qu'au moyen de travaux souterrains, ne pourra être continuée que jusqu'à la distance de 20 mètres des habitations ou des lieux enclos de murs et de 50 mètres des cours d'eau, canaux, aqueducs et sources minérales.

Une plus grande distance pourra cependant, selon les cas, être prescrites par décision de l'Intendant sur l'avis de l'Ingénieur des mines, et au besoin sur celui des Ingénieurs du Génie Civil.

Le front de ces exploitations vers les routes, habitations et cours d'eau sera défendu par un rempart apte à prévenir les malheurs et à dévier les eaux.

Art. 140. — L'Ingénieur des Mines donnera aux exploitants les instructions nécessaires pour ce qui concerne la solidité et la sécurité des travaux, ces instructions pourront être rendues obligatoires par décret de l'Intendant.

Il informera l'Intendant de tout inconvénient qu'il aurait relevé et proposera les dispositions d'ordre public dont il aura reconnu la convenance.

L'Intendant, sur le rapport de l'Ingénieur des Mines et sur l'avis du Syndic, et après avoir entendu l'exploitant de la carrière pourra prescrire les dispositions qu'il réputera nécessaires et aussi défendre les travaux reconnus périlleux, sauf recours au Gouverneur.

Dans les cas de danger imminent le Syndic donnera toutes les dispositions qu'il jugera aptes à le faire cesser et en rendra compte immédiatement à l'Intendant.

Le paiement des travaux que l'Intendant auraient fait exécuter d'office sera à la charge de l'exploitant et recouvré dans les formes établies pour les rentrées communales.

Art. 142. — Dans les cas d'infortunes survenues dans les carrières, on observera les dispositions contenues dans la Section II du Chapitre V Titre III.

Art. 143 — Chaque exploitant sera obligé de faciliter aux Ingénieurs des Mines et aux agents de l'autorité la visite et l'inspection des travaux et devra en outre leur fournir tous les renseignements qui lui seront demandés.

En cas de refus, l'Ingénieur et les agents susdits pourront invoquer l'assistance de l'Autorité locale de Police.

Art. 144. — Ne sont pas sujettes aux dispositions du présent titre, sauf en ce qui concerne les règles générales de police, les excavations faites par le propriétaire d'un fonds pour l'améliorer, ou pour l'extraction de matériaux à employer pour son propre usage.

Art. 145. — La disposition du précédent article s'étend à la recherche ou pêche de l'or, ou d'autre métal dans les sables et terres déposés par les fleuves et torrents, laquelle recherche est libre à quiconque à condition d'observer les lois et règlements concernant les eaux.

Art. 146. — Seront punis d'une amende de fr. 5 à 50 les infractions aux articles 138, 139 et 143.

LOI

SUR LES TRAVAUX PUBLICS

DU 20 MARS 1865

N° 2,248

TITRE III

CHAPITRE VII

POLICE DES EAUX PUBLIQUES

Art. 165. — Personne ne peut faire des travaux dans le lit des fleuves, torrents, ruisseaux, égouts publics et canaux de propriété domaniale, c'est-à-dire dans l'espace compris entre les rives fixes de ceux-ci, sans la permission de l'autorité administrative.

Font partie des lits, les bras ou canaux, ou déversoirs des fleuves, torrents, ruisseaux et égouts publics, lors même que dans certains temps de l'année ils restent à sec.

Art. 166. — Dans le cas de lits à berges variables ou incertaines, la ligne ou les lignes jusqu'aux quelles devra s'entendre la défense dont il est fait mention à l'article précédent, seront déterminées aussi en cas de contestation par le Préfet, après avis des intéressés.

Art. 167. — Les droits des propriétaires riverains de munir leurs berges dans les cas prévus par l'article 121 (les travaux exécutés par les particuliers pour simple défense adhérente aux berges de leurs propriétés, qui n'altéreraient en aucune manière le régime du lit) est subordonné à la condition que les travaux ou plantations n'apportent ni altération dans le cours ordinaire des eaux, ni empêchement à sa liberté, ni dommage aux propriétés d'autrui, publiques ou privées, à la navigation, aux dérivations et aux usines légitimement établies et en général aux droits des tiers.

La vérification de ces conditions est dans les attributions du Préfet.

Art. 168. — Sont travaux et actes défendus d'une manière absolue sur les eaux publiques, leurs lits, berges et défenses, les suivants:

a) La formation des écluses, clôtures, tas de pierres, et

autres ouvrages pour l'exercice de la pêche, avec lesquels on altérerait le cours naturel des eaux.

Sont exceptées de cette disposition les habitudes pour l'exercice de légitimes et inoffensives concessions de pêche, lorsqu'on observe les précautions et les conditions imposées par les actes des dites concessions, déjà prescrites par l'autorité compétente, et que celle-ci pourrait trouver convenable de prescrire;

b) Les plantations qui s'avanceront dans les lits des fleuves, rivières et canaux de manière à en contraindre la section normale et nécessaire au libre écoulement des eaux;

c) Le déracinement ou l'incendie des troncs des arbres qui soutiennent les berges des fleuves et torrents à une distance non inférieure à neuf mètres de la ligne où arrivent les eaux ordinaires.

Pour les ruisseaux, canaux et égouts publics la même défense est limitée aux plantations adhérentes aux berges;

d) La plantation sur les alluvions des berges des fleuves, et torrents et leurs îles à distance de la berge opposée moindre que celle établie ou déterminée par le Préfet dans les respectives localités, sur l'avis des Administrations des communes intéressées et du bureau du Génie Civil;

e) Les plantations de n'importe quelle sorte d'arbres et arbustes sur la partie plane et sur les talus des digues leurs bancs et sous-bancs, le long des fleuves, torrents et canaux navigables;

f) Les plantations d'arbres à haies, les constructions, les excavations, le remuement du terrain à une distance, du pied des digues et de leurs accessoires, comme il est dit ci-dessus, moindre que celle établie par les règles en vigueur dans les diverses localités, et faute de telles règles, à une distance moindre de quatre mètres pour les plantations et le remuement du terrain et de dix mètres pour les constructions et les excavations.

g) Quelconque ouvrage ou fait qui puisse altérer l'état, la forme, les dimensions, la résistance et la convenance à l'usage auquel sont destinées les digues et leurs accessoires comme il est expliqué ci-dessus, et à leurs engins attenants;

k) L'ouverture des fouilles, recherches d'eau et autres à une distance des fleuves, torrents et canaux publics, moindre que celle voulue par les règlements et les habitudes locales ou que celle qui est reconnue nécessaire par l'autorité administrative provinciale pour éviter le danger de diversions et de soustractions indues d'eau.

h), Les variations et altérations aux digues de défense des berges des fleuves, torrents, ruisseaux, canaux et égouts publics tant endigués que non endigués et à toute autre sorte d'engins attenants.

i) Le pacage et le séjour des bestiaux sur les défenses, sur les digues et leurs dépendances, ainsi que sur les berges, les talus et bancs des canaux publics et leurs accessoires.

l) N'importe quel travail dans le lit ou contre les berges des fleuves et canaux navigables et sur les voies de halage qui puissent nuire à la liberté et à la sécurité de la navigation et à l'exercice des ports flottants et des ponts de barques.

m) Les travaux ou actes non autorisés par lesquels on retarderait ou empêcherait les opérations du transport des bois flottants aux légitimes concessionnaires.

Art. 169. — Sont considérés travaux et actes qui ne peuvent être exécutés qu'avec une permission spéciale du Préfet et sous l'observation des conditions imposés par lui, les suivants :

a) Les formations empennellements, barrages et autres ouvrages de ce genre, dans le lit des fleuves et torrents pour faciliter l'usage et l'accès des ports nageants et ponts de barques.

b) La formation de remparts de défense des berges, qui s'avancent dans les lits en dehors des lignes qui fixent leur largeur naturelle.

c) Le défrichement des terrains boisés et buissonneux latéraux aux fleuves et torrents à une distance moindre de cent mètres de la ligne à laquelle arrivent les eaux ordinaires, maintenant les dispositions dont il est fait mention à l'article 168 lettre c);

d) Les plantations des alluvions à n'importe quelle distance de la rive opposée, lorsqu'elles se trouvent en face d'une habitation menacée de corrosion ou bien d'un territoire en danger d'un changement de lit;

e) La formation de relevés de montée ou de descente du corps des digues pour l'établissement de communications aux propriétés, aux abreuvoirs, aux gués, et aux passes des fleuves et torrents;

f) La conversion des barrages temporaires de dérivation des eaux publiques en barrages permanents quoique instables et l'altération de leur mode de construction primitive:

g) Les variations de la position, structure et dimensions habituelles à pratiquer dans les barrages instables.

h) Les excavations dans les grèves des fleuves et torrents pour canaux d'appel aux dérivations exceptés ceux qui par une habitude établie se pratiquent sans la permission de l'autorité administrative;

i) Les variations dans la forme et position des barrages stables et leur rehaussement et les innovations à propos des autres ouvrages de structure stable qui servent aux dérivations des ruisseaux, égouts et canaux publics et à l'exercice des moulins et autres usines qui y sont établis·

k) La reconstruction, quoique sans variation de position et de forme, des barrages stables de dérivations, des ponts, ponts-canaux, prises souterraines et autres existantes dans les lits des fleuves, torrents, ruisseaux, égouts publics et canaux domaniaux;

l) Le transport dans une autre position des moulins nageants soit avec barrages, soit sans barrages, en maintenant toujours l'obligation de l'entière extirpation du barrage abandonné;

m) L'extraction de cailloux, graviers, sables et autres matières du lit des fleuves, torrents et canaux publics, excepté les localités ou par habitude établie, on est accoutumé à la pratiquer sans autorisation spéciale pour les usages publics ou privés.

Cependant, aussi pour ces localités, l'autorité administrative limite ou défend de telles extractions chaque fois qu'il reconnaît que le régime des eaux et les intérêts publics ou privés pourraient en être lésés;

n) L'occupation des plages des lacs par des travaux stables, les excavations sur leurs bords qui peuvent provoquer la détérioration ou apporter un préjudice aux voies de halage, dans les endroits où elles existent et finalement l'extraction des cailloux, graviers et sables, exception faite, quant à cette dite extraction, pour les localités où par habitude établie on est accoutumé à les pratiquer sans autorisation spéciale.

Art. 170. — Ne peuvent être exécutés qu'avec une autorisation spéciale du Ministre des Travaux Publics et sous l'observation des conditions imposées par lui, les travaux qui suivent:

a) Les conversions de barrages temporaires et des barrages instables de dérivation des fleuves et torrents, en barrages stables.

. b) Les variations de la forme et de la position des bouches de dérivation, comme des barrages stables et toutes les innovations tendant à augmenter leur hauteur;

c) Les travaux aux berges des fleuves et torrents qui peuvent altérer ou modifier les conditions des dérivations;

d) Les nouvelles constructions dans le lit des fleuves, torrents, ruisseaux, égouts publics ou canaux domaniaux de barrages et autres œuvres stables pour les dérivations de ponts, ponts-canaux et prises souterraines, ainsi que les innovations des ouvrages de ce genre déjà existants.

e) La construction de nouveaux égouts d'écoulement à travers les digues et l'annulation de ceux déjà existants.

f) L'établissement de nouveaux moulins nageants en conservant les règles et habitudes en vigueur dans les diverses localités.

Art. 171. — Les faits et attentats criminels de coupe ou rupture de digues ou de remparts, seront punis aux termes des lois pénales en vigueur.

Art. 172. — L'autorité administrative provinciale a la faculté d'ordonner et d'exécuter la rupture des digues de Golene lorsque la crue du fleuve ou torrent est arrivée à la hauteur établie par les réglements locaux pour cette opération, dans l'intérèt de la conservation des digues maîtresses.

Il pourra cependant être concédé aux propriétaires de Golene, l'autorisation d'établir des écluses dans leurs digues, selon les projets à approuver par l'autorité susdite dans le but d'en éviter la rupture.

LOI SUR LES EAUX

DU 10 AOUT 1884

Nos 3954 - 4591

DÉCRET ROYAL

8 Septembre 1867 — 28 Août 1868

Règlement pour la dérivation des Eaux Publiques

CHAPITRE 1er

Demande de la Concession et Instruction préliminaire

Art. 1er. — Quiconque entend dériver des eaux publiques pour un usage quelconque ou d'établir sur celles-ci des moulins ou autres usines, doit présenter au Préfet de la Province où est situé le point de dérivation ou, lorsqu'il n'y a pas lieu à dérivation, le point dans lequel on veut placer l'usine stable ou flottante, une demande adressée au Ministère des Finances et signée par le requérant ou par son procurateur légal.

La demande peut être présentée aussi au nom d'un consortium institué ou à instituer selon les lois en vigueur, ou sous réserve d'instituer une Société anonyme pour exercer la concession.

Art. 2. — Les demandes pour les grandes dérivations d'eau à l'usage de canaux navigables et irrigateurs, de bonification, etc., et en général les demandes qui doivent être soumises au Parlement par l'article 9 de la Loi 25 juin 1865. nᵒ 2,359 ou par les effets de l'article 123 de la Loi 20 Mars 1865 sur les travaux publics, devront être justifiées par des projets réguliers de maxima, compilés selon les règles établies pour les travaux à exécuter à la charge de l'Etat, sauf à présenter à l'approbation du Ministère des Travaux Publics les projets détaillés nécessaires après avoir obtenu la concession.

Ces demandes, avant d'être publiées, seront transmises au Ministère des Travaux Publics, qui en donnera communication au Ministère de l'Agriculture, de l'Industrie et du Commerce. Dans le cas où de l'examen préventif une concession résulterait inadmissible et que le vote négatif du Ministère des Finances y concourrait, la demande sera repoussée.

Art. 3. — Les autres demandes seront accompagnées des documents suivants :

1° Le plan de la localité, ou seront indiqués clairement tous les ouvrages que l'on entend exécuter dans le lit du fleuve, torrent ou lac et les adjacences qui peuvent avoir rapport avec les travaux susdits.

Ce plan sera à une échelle non inférieure de 1 à 200.

2° Les profils longitudinaux et transversaux du lit dont on veut dériver les eaux, en marquant sur ceux-ci les divers états des crues et des eaux ordinaires et l'altimétrie des tra·vaux à faire dans le lit et à l'embouchure de la dérivation.

3° Les profils longitudinaux et transversaux de l'entier canal de dérivation dans lequel doivent être indiqués le fond de son lit et les berges naturelles ou les digues entre lesquelles il sera contenu, le niveau ordinaire des eaux à introduire et la hauteur maxima quelles peuvent acquérir.

Ces profils seront référés à la même horizontale et dessinés sur la même échelle que les profils du fleuve, torrent ou lac.

4° Un rapport qui démontre l'utilité des travaux proposés, l'absence de dommage qui en résulte pour les tiers ou au système du fleuve, torrent ou lac.

Ce rapport contiendra en outre la description des travaux proposés et l'indication de l'usage ou des usages auquel est destinée l'eau que l'on veut dériver, si c'est pour donner le mouvement au mécanisme d'une usine, ou pour irrigation, ou pour bonification de terrains.

S'il s'agit d'une usine.........

Art. 4. — Dans les cas de dérivation de peu d'importance, le requérant pourra être dispensé par le Préfet, sur l'avis de l'Ingénieur compétent du gouvernement, de la présentation de l'un des documents techniques indiqués dans le précédent article, sauf toujours au Conseil supérieur des Travaux Publics la faculté d'exiger d'autres explications et documents et l'obligation du requérant de les présenter.

Art. 5. — Les documents indiqués dans les articles 2 et 3 doivent être signés par un Ingénieur. Pour les dérivations de moindre importance il suffira la signature d'Architecte civil, Géomtère ou Mesureur patenté.

Art. 6. - - La demande et les documents devront être munis du timbre compétent.

....

Décret Royal qui rectifie le § 1 de l'article 2 du Règlement pour la dérivation des Eaux Publiques

Article Unique. — Le §. 1 de l'article 3 du Réglement approuvé par notre Décret du 8 septembre 1867, numéro

3,952 pour la dérivation des eaux publiques doit être rectifié conformément à l'original, de la manière suivante :

« Les autres demandes seront accompagnées des documents suivants :

« 1. Le plan de la localité où seront clairement indiqués tous les travaux que l'on entend exécuter dans le lit du fleuve, torrent ou lac et les adjacences qui peuvent avoir rapport avec les travaux susdits.

« Ce plan sera à une échelle non inférieure de un à deux mille. »

Nous ordonnons que le présent décret, muni du Sceau de 'Etat, soit inséré, etc., etc.

DÉRIVATION
DES EAUX PUBLIQUES

H. UMBERT 1er, Roi d'Italie.

par la grâce de Dieu et la volonté de la Nation

Le Sénat et la Chambre des Députés ont approuvé ;
Nous avons sanctionné et promulguons ce qui suit :

Art. 1er. --- Personne ne peut dériver les eaux publiques ni établir sur celles-ci des moulins ou autres ateliers, s'il n'a pas un titre légitime ou s'il n'en obtient la concession du Gouvernement qui est assujettie au paiement d'un droit et aux conditions établies par la présente loi.

Art. 2. --- Les concessions sont toujours accordées sans préjudice des droits des tiers ; celles des dérivations faites à perpétuité ne pourront se faire que par une loi.

Dans les lacs, les parties de fleuves servantde frontières, les cours d'eau navigables et dans ceux desquels les digues et les rives sont inscrites comme œuvres hydrauliques de seconde catégorie, les concessions d'eau sont faites par décret royal, sur la proposition du Ministre des Finances, après avoir pris l'avis des conseils provinciaux qui peuvent y avoir intérêt et sous l'observation des mesures de prudence qui, sur l'avis du Conseil Supérieur des travaux publics, auront été proposées dans l'intérêt et pour sauvegarder le bon régime de ces eaux, de la libre navigation et des propriétés riveraines.

Art. 3. --- Dans tous les autres cours d'eaux publiques, les concessions sont accordées par le Préfet en conseil de Préfecture, sur l'avis du bureau du génie civil dans le cas

où il y aurait des oppositions. Quand une dérivation inté-
resse le territoire de plusieurs provinces, la concession est
accordée par le Préfet de la Province dans le territoire de
laquelle tombe la bouche de dérivation : dans le cas, cependant, d'oppositions de la part d'intéressés de Provinces diverses de celle-ci, la controverse est décidée par le Ministre
des Travaux Publics sur l'avis du Conseil Supérieur des travaux publics, et la concession est faite par le Ministre des
Finances.

Art. 4. — Les actes de concession déterminent la quantité, le mode, les conditions de l'extraction et de la restitution des eaux, celles de la conduite et de l'usage, les garan-
ties requises dans l'intérêt de l'agriculture, de l'industrie et
de l'hygiène publique et établissant le droit annuel à payer
aux Finances de l'État.

Il y est aussi fixé le délai dans lequel l'eau concédée devra être dérivée et utilisée sous peine de déchéance de la
concession.

Ce décret peut être prorogé par un nouveau décret de l'autorité compétente, lorsque l'on peut justifier le retard dans
l'exécution des travaux.

Art. 5. — Les concessions temporaires se font pour un
terme non supérieur à trente ans; mais expiré ce terme, le
concessionnaire a le droit d'obtenir le renouvellement de la
concession pour trente années et ainsi de suite, sauf les
modifications que en raison de la variation des conditions
des lieux ou du cours d'eau, pourraient devenir nécessaires
dans le cahier des charges de la concession. Le renouvellement de la concession pourra être refusé, lorsque dans les
trente années précédentes, le concessionnaire aura, au juge-
ment de l'administration, soit pour n'en avoir pas usé, soit
pour en avoir abusé, rendu inutile le but dans lequel a été
donnée la concession elle-même.

Art. 6. — Le concessionnaire est libre de varier l'usage
et le mécanisme de son usine, pourvu qu'il n'en dérive pas
de préjudice aux tiers et pourvu qu'il n'altère pas le mode,
les ouvrages et la quantité de la dérivation ni le point de
la restitution des eaux.

Les changements d'usage doivent être anticipément noti-
fiés à la préfecture sous peine d'une amende égale au triple
du droit dû pour la concession, sauf le droit à l'administration de faire remettre les choses dans l'état précédent aux
frais du contrevenant, dans le cas où les altérations seraient
préjudiciables.

Art. 7. — Si le changement, dont il est fait mention au
précédent article, porte une augmentation dans la concession
d'eau ou dans la force motrice, on devra faire les démarches
comme pour les nouvelles concessions et l'on paiera pour

cette augmentation un droit proportionné à la plus grande quantité d'eau ou de force motrice.

Art. 8. --- Les demandes pour de nouvelles dérivations, accompagnées des projets des ouvrages à exécuter pour la prise, la conduite, l'usage et l'écoulement des eaux, sont transmises à la Préfecture de la Province et communiquées par celle-ci aux députations provinciales des provinces intéressées pour les observations éventuelles.

Elles sont publiées, avec les projets dans les communes intéressées et, ensuite, il est procédé par le génie civil à la visite des lieux à laquelle devront être invités le requérant et les intéressés.

Les susdites publications fixeront un terme à tous les ayant-droits pour présenter leurs observations.

Les observations éventuelles des députations provinciales doivent être présentées dans le délai d'un mois après que la communication aura été faite.

La concession ne pourra être accordée qu'après avoir épuisé les oppositions par voie administrative.

Art. 9. --- Lorsque pour cause de variation dans le cours des eaux publiques, ou pour un autre motif quelconque, le concessionnaire d'une dérivation entend varier la position, la forme ou la nature des ouvrages autorisés, ou y faire des adjonctions ou autres travaux accessoires dans les lits ou sur les rives, ou finalement augmenter ou diminuer la force motrice ou la quantité d'eau dérivée, il doit en faire la demande, accompagnée d'un projet au sujet duquel on procédera comme il est dit dans le précédent article 8.

Dans les cas d'urgence prouvée, le Préfet, sur l'avis du génie civil, peut provisoirement, permettre les ouvrages nécessaires pour rétablir le cours des eaux dans les canaux de dérivation, ou l'exercice des moulins ou autres usines, à condition que les concessionnaires s'obligent auparavant à observer les prescriptions qui seront définitivement établies à propos de leur demande.

Art. 10. --- Tous les propriétaires, possesseurs et ceux qui se servent des dérivations des fleuves et torrents sont obligés d'entretenir les embouchures munies de leurs cadres et écluses respectifs et de les conserver en bon état, ils sont responsables des dommages qui peuvent arriver au préjudice des fonds voisins, sauf le cas de force majeure prouvé.

Les mêmes propriétaires, possesseurs et usageants doivent régler au moyen des dites écluses les dérivations de manière que dans les temps de crues, il ne s'y introduise pas des eaux excédant la portée des canaux respectifs et de faire qu'en toute éventualité, au moyen des déchargeurs opportuns, les eaux surabondantes soient débitées.

Art. 11. --- Ceux qui ont des dérivations établies à bou-

che ouverte, avec des fermetures, soit permanentes, soit temporaires, stables ou instables, sont obligés de pourvoir afin
qu'elles se maintiennent sans danger pour le public et pour
l'intérêt privé, en suivant les habitudes locales, sauf à munir la dite bouche, des écluses nécessaires pour régler et
modérer l'introduction des eaux, ou à exécuter les autres
ouvrages qui seraient jugés nécessaires par l'autorité administrative, dans le cas ou de telles habitudes ne garantiraient
suffisamment la dite innocuité.

Art. 12. --- L'observation des obligations imposées aux
concessionnaires dans les actes de concession est soumise à
la vigilance de l'autorité publique pour tout ce qui à rapport
aux intérêts publics.

Art. 13. --- Si pour des raisons d'intérêt public, pendant
une concession, le régime d'un cours d'eau compris entre
ceux indiqués à l'article 2 est modifié, l'Etat n'est tenu à
aucune indemnité envers les concessionnaires, sauf la réduc-
tion ou la cessation du droit si la quantité d'eau est dimi-
nuée ou enlevée.

Cependant le concessionnaire, si les nouvelles conditions
locales le permettent, aura le droit d'exécuter à ses frais les ouvrages nécessaires pour rétablir la dérivation.

Art. 14. --- Les droits annuels pour les nouvelles concessions d'eaux publiques seront payés selon les dispositions
suivantes :

Pour chaque module (litres 100 à la'') d'eau potable ou
d'irrigation sans obligation de restituer la coulature ou les
résidus d'eau, annuellement fr. 50.

Avec l'obligation de restituer la couluture ou résidus d'eau,
annuellement fr. 25.

Pour l'irrigation de terrains avec dérivation non suscep-
tible d'être faite à bouche, taxée pour chaque hectare, annuellement fr. 0,50.

Pour chaque cheval dynamique nominal destiné à la force
motrice fr. 3.

La force motrice pour laquelle le droit est dû est me-
surée en tenant compte de la chute effectivement utilisée
par le moteur, c'est à-dire de la différence de niveau entre
les deux niveaux morts des canaux en amont et aval du mécanisme moteur.

Art. 15. --- La concession sera gratuite pour les communes
et les œuvres pieuses qui feront la demande d'eau potable
pour la distribuer gratuitement aux habitants de la commune ou pour l'usage des retraités dans les œuvres pieuses.

Art. 16. --- Pour les concessions de dérivations d'eau à
l'usage en même temps d'irrigation et de bonification, le
droit sera réduit à la moitié de celui établi pour l'irrigation

sans restitution de la coulature et résidus d'eau et pour celles seulement de bonification au cinquième.

Aux moulins nageants on appliquera le droit de fr.1 par cheval dynamique nominal.

Art. 17. --- Pour les moulins et autres usines, qui par la rareté de l'eau ne peuvent travailler que d'une manière intermittente, le droit sera réglé sur la moyenne de la force disponible d'une année.

En aucun cas cependant le droit annuel ne sera inférieur à 3 fr.

Pour la concession dans le but d'irrigation des eaux d'hiver seulement, dont l'usage est limité par le code civil (article 624) de l'équinoxe d'automne à celui du printemps, le droit fixé dans l'article 14 sera réduit à la moitié.

Art. 18. --- Les droits déterminés à l'article 14 ne sont pas applicables aux eaux dérivées des canaux de propriété patrimoniales de l'Etat.

Art. 19. --- Pourvu qu'il n'en dérive pas un préjudice aux tiers et prévue à la déclaration à faire à la préfecture, le concessionnaire d'eau pour irrigation peut s'en servir aussi à l'usage de force motrice; mais le concessionnaire d'eau pour force motrice ne peut l'employer pour irrigation qu'ensuite d'une concession spéciale.

En tous cas pour un double usage, le droit sera le plus élevé des deux.

Lorsque la déclaration à la préfecture a été omise, les dispositions de l'article 6 sont en vigueur.

Art. 20. --- Est abrogé le chapitre V Titre III de la loi 20 mars 1865 sur les ouvrages publics n° 2248, alinéa F.

Art. 21. --- Les ouvrages indiqués à l'article 170 de la même loi, sont à partir de maintenant autorisés par les Préfets, lorsqu'ils doivent s'exécuter dans les cours d'eau non navigables et non compris entre ceux inscrits dans les listes des œuvres hydrauliques de 2ᵉ classe.

Art. 22. --- Les contraventions aux dispositions de la présente loi sont punies par des peines de police et des amendes qui pourront s'étendre jusqu'à fr. 500 en conformité aux dispositions de l'article 374 de la loi citée sur les œuvres publiques.

Art. 23. --- Sont aussi applicables pour les matières contenues dans la présente loi les dispositions des articles 376, 377, 378 et 379 de la loi citée sur les œuvres publiques.

Art. 24. --- Pour les effets de l'article 1 de la présente loi la possession trentenaire, antérieure à sa promulgation, aura en tous cas, dans les rapports avec le domaine, valeur et efficacité de titre.

Art. 25. --- Par les soins du Ministère des Travaux Publics seront formées les listes des eaux publiques dans le territoire de chaque Province du Royaume et les listes elles-mêmes seront publiées dans toutes les Provinces intéressées dans le cours d'eau.

Les intéressés auront le droit de présenter dans un délai de trois mois leurs réclamations.

Les listes seront approuvées par décret royal sur l'avis des Conseils Provinciaux des provinces intéressées dans le cours d'eau, le Conseil des travaux publics et le Conseil d'Etat, sauf en cas de controverse, la compétence du pouvoir judiciaire.

Art. 26. — Dans chaque province, il sera, par les soins du Ministère des Travaux Publics, formé, publié et conservé une liste ou cadastre des dérivations des eaux publiques.

Art. 27. — Pour la formation de la liste ou cadastre dont il est fait mention à l'article 26 tous ceux qui se servent des eaux publiques devront en faire la déclaration à la préfecture de la province respective.

La déclaration doit indiquer:

1° La localité dans laquelle a lieu la prise d'eau et sa restitution.

2e L'usage auquel sert l'eau.

3° La quantité approximative de l'eau qui pourra être désignée aussi avec la simple indication de la superficie irriguée ou de la nature et de l'importance de l'édifice auquel elle sert;

4° Le titre, ou à son défaut, la durée de la possession.

Cette déclaration devra être faite dans les deux ans de la publication des listes des eaux publiques de chaque province.

Passé ce délai, ceux qui n'auraient pas fait cette declaration seront assujettis à une amende égale au droit annuel qu'ils auraient dû payer.

Il sera infligé une amende égale pour chaque année successive tant que la déclaration ne sera pas faite, cependant, passé trois ans, l'administration pourra suspendre l'usage des eaux.

L'amende sera prononcée par le tribunal civil ou par le préteur, selon la compétence respective.

Art. 28. — La présente loi entrera en vigueur six mois après sa promulgation et dans le même délai sera publié le règlement contenant les règles pour son exécution.

Nous ordonnons que la présente, munie du Sceau de l'Etat, soit insérée dans le recueil officiel des lois et des décrets du Royaume d'Italie, ordonnant à qui de droit de l'observer et de la faire observer comme loi d'état.

Donné à Monza, le 10 août 1884.

Lieu du Sceau
v. le Garde des Sceaux
N. FERRACIU

HUMBERT

GENALA
A. MAGLIANI.